Un niño que nació para ser río

A Child Born to Be a River

MUSEO SALVAJE
Colección de poesía
Homenaje a Olga Orozco

Homage to Olga Orozco
Poetry Collection
WILD MUSEUM

Dennis Ávila

Un niño que nació para ser río

A Child Born to Be a River

Translated by
Miguel Falquez-Certain

Nueva York Poetry Press LLC
128 Madison Avenue, Office 2RN
New York, NY 10016, USA
Telephone number: +1(929)354-7778
nuevayork.poetrypress@gmail.com
www.nuevayorkpoetrypress.com

Un niño que nació para ser río
A Child Born to Be a River

© 2025 Dennis Ávila

ISBN-13: 978-1-966772-47-7

© *Poetry Collection*
Wild Museum 77
(Homage to Olga Orozco)

© Publisher & Editor-in-Chief:
Marisa Russo

© Editor and Layout Designer:
Francisco Trejo

© Translator:
Miguel Falquez-Certain

© Prologue and Blurb:
Paola Valverde Alier

© Cover Designer:
William Velásquez Vásquez

© Cover Image:
Naín en Cahuita
Dennis Ávila

©Author's Photographer:
William Eduarte

Ávila, Dennis
Un niño que nació para ser río / *A Child Born to Be a River*, 1ª ed. New York: Nueva York Poetry Press, 2024, 12r pp. 5.25" x 8".

1. Honduran / Costa Rican Poetry.   2. Latin American Poetry.

All rights reserved. No part of this publication may be reproduced, distributed, or transmitted in any form or by any means, including photocopying, recording, or other electronic or mechanical methods, without the prior written permission of the publisher, except in the case of brief quotations embodied in critical reviews and certain other non-commercial uses permitted by copyright law. For permissions contact the publisher at: nuevayork.poetrypress@gmail.com.

Y todo aquello unido era el río, todas las voces, los fines, los anhelos, los sufrimientos, los placeres; el río era la música de la vida.

And all the voices, all the goals, all the yearnings, all the sorrows, all the pleasures, all of them together was the river, the music of life.

HERMANN HESSE

Biología del amor

Durante el último taller de adopción, con más de cien participantes en la sala, una de las psicólogas preguntó si alguno de los futuros padres o madres deseaba dar unas palabras. Levanté la mano. Las palabras no serían mías sino un poema de Dennis que se había convertido en un mantra para nuestra espera: *Un niño / que podría ser mi hijo / me habla de dinosaurios...* Pedí el micrófono: «Quiero que mi esposo lea un poema». Dennis, con esa complicidad que hemos compartido por casi dos décadas, supo lo que debía hacer. Se levantó, subió a la tarima de los expositores y dio una lectura memorable. El poema estaba impreso junto a una carta dirigida al Consejo Nacional de Adopciones (CNA). Los papeles temblaban en sus manos. La vibración se extendió por su voz hacia las miradas llorosas que formaron parte de aquel cierre inolvidable.

    Ese día concluimos los pasos que exigía la ley. Ese día entregamos la carta (y el poema). Nuestro espíritu estaba de rodillas; ser escuchados era nuestra única esperanza. Un año antes, habíamos conocido a nuestro hijo en un hogarcito y el amor echó raíces. Éramos voluntarios: llegábamos a jugar en las tardes, después del trabajo, con todos los niños. Pero algo especial pasó cuando lo conocimos a él y supimos que deseábamos ser su mamá y su papá. Este era un amor diferente, algo más fuerte que nuestra propia existencia.

Por eso entramos al proceso y, en medio de él, quebramos los moldes. «Las adopciones no son así», nos dijeron muchas veces. Se castigaba el hecho de pedir ser los padres de un niño al que ya conocíamos. «Las adopciones deben ser como lo plantea el sistema», continuaban. Así fue como cumplimos cada requisito: los talleres, las sesiones psicológicas, los múltiples estudios, rigurosos en cada área para garantizar una adopción responsable. Así obtuvimos la idoneidad. Todo para entrar al banco de familias, en espera de que el CNA nos asignara a nuestro hijo, de acuerdo con la compatibilidad de los expedientes.

¿Cómo podíamos introducir en el expediente este amor? ¿Cómo dibujarles el rostro de nuestro niño en la ventana cuando, emocionado, nos veía llegar al hogarcito?; sus brazos extendidos para simular un vuelo espacial; el primer diente que perdió y guardó bajo la almohada para mostrárnoslo; los besos de despedida cada tarde; el dinosaurio robot que lo esperaba en casa. Aprendimos a vivir con la angustia de no tener a nuestro hijo, cuando aún viajábamos *en esta carta sembrada al viento*. Abríamos su habitación todas las mañanas y nos preguntábamos si algún día la llamada llegaría. Impulsados por el anhelo, acudimos a todas las instancias: nos recibieron abogados, diputados, funcionarios del Departamento de Adopciones y la Ministra del Instituto Nacional de la Mujer. Solo queríamos decirles que *la lealtad es un río que reconoce su vínculo / sin hacer diferencias en las entrañas del mar*, pero no podían hacer nada por nosotros.

Mientras tanto, rezábamos. Acudíamos a los temazcales y a los templos. Visitábamos a la Virgen y a las santas. Nos sometíamos a ceremonias sagradas en medio del bosque y elevábamos plegarias para que el Gran Espíritu, creador de la poesía y los milagros, se apiadara de nosotros. Solo queríamos *romper la fuente del sistema*.

Cada vez que acudíamos al edificio principal del Patronato Nacional de la Infancia, para entregar un documento o para consultar el estado de nuestro proceso, cuatro versos del poeta Jorge Debravo nos recibían en una placa: *No pido eternidades / llenas de estrellas blancas. / Pido ternura, cena, / silencio, pan y casa.* Para nosotros esto era un señal. Si allí habitaba la poesía, tarde o temprano escucharían que una familia estaba apiñada *como palos en el fuego*, dispuesta a *escribir la luz sobre esta noche larga*.

Un niño que nació para ser río es más que un libro de poesía: es una historia de resistencia forjada entre lágrimas y esperanza. Dennis Ávila lo escribió para salvarnos de la ansiedad, entre expedientes atascados y noticias que no llegaban a destino. Es un libro de agua, pese al desierto de la espera. Nos alimentó por mucho tiempo. Nos mantuvo a flote, porque Dennis y yo, papá y mamá, conocimos a un niño cuya voluntad nos enseñó a persistir *en el columpio de la foto, / del que nos enamoramos /*

porque hasta de espaldas mostró la dirección del universo: él, desde su serenidad, alegría profunda y la certeza de saber que siempre regresaríamos a buscarlo; nosotros, desde la convicción, como *un árbol en un acantilado*.

Todas las historias de adopción son distintas. Ninguna se parece a otra, como ningún hijo es igual que otro. La sangre no es un aspecto determinante para ser familia cuando se derriban las fronteras: la genética y los prejuicios. Quienes hemos transitado el camino de la adopción sabemos que *nada es más biológico que el amor*. Es un compromiso, aunque los brazos estén vacíos, la ternura se postergue y el insomnio siga voraz, cuando *cobijados con la misma ventana / pedimos a la noche su promesa de sol*.

Este es un libro que palpita, un homenaje a madres y padres, a niñas y niños que esperan el milagro. Sus páginas nos acompañaron en la gran labor de parto que sostuvimos, pujando *colores y brújulas, / la vida con la vida* para vencer la incertidumbre con una sola verdad: *en casa hay una puerta / que respira la llegada de un niño*.

Después de dos años de trámites y retrocesos, de oleajes y montañas que nos perdían, la llamada apareció en la pantalla del teléfono. Dennis y yo nos vimos con nuestros ojos cristalizados: entendimos que *el agua es el molde de la sed*. Nuestro hijo llegó con cinco años, colmado de plenitud *y una mirada convencida*. No deja de sorprendernos con su dulzura, su forma de mantener la calma, incluso, en los podios a los que sube por sus talentos y perseverancia. Un año después quedé embarazada de su hermanito menor. Somos una familia de cuatro. El amor (y no la sangre) es nuestro nombre cardinal: *nos adoptamos el uno al otro / hasta sentir los latidos de un hogar.*

Durante seis años este libro permaneció guardado, hasta que un día, rumbo a Turrialba, se lo leí a Marisa Russo, hermana poeta y editora de Nueva York Poetry Press. Fue un viaje largo y, de regreso, continuamos la lectura en la casa de Johanna y Ricardo, padre de Marisa. Ellos, tomados de la mano, escucharon los poemas. Lloraron en distintos momentos, también sonrieron, convencidos de que un libro como este debería publicarse para acompañar a otras familias abiertas a este propósito.

Ese día, Marisa tomó la decisión de publicarlo y, casi de inmediato, propuso que fuese traducido al inglés. Al respecto, el escritor y traductor, Miguel Falquez-Certain, realizó un trabajo impecable.

La poesía nos recuerda que se puede formar una familia si calzan los astros en un solo corazón: *no hay ciencia en el amor, / así es la partitura del cosmos.* Y en este plano astral seguimos danzando, porque *hay un sol que es inamovible, / nadie tiene derecho a pisotearlo,* porque *el agua es un planeta que nos mira.*

Paola Valverde Alier

Biology of Love

During the last adoption workshop, with more than a hundred participants in the room, one of the psychologists asked if any of the future parents wished to say a few words. I raised my hand. The words would not be mine but a poem by Dennis that had become a mantra for our waiting: *A child / who could be my son / Tells me about dinosaurs...* I asked for the microphone: "*I want my husband to read a poem.*" Dennis, with that complicity we have shared for almost two decades, knew exactly what he had to do. He stood up, walked to the speakers' platform, and delivered a memorable reading. The poem was printed alongside a letter addressed to the National Adoption Council (CNA). The papers were shaking hands. The vibration carried through his voice into the tearful gazes that became part of that unforgettable closing.

That day we completed the steps required by law. That day we delivered the letter (and the poem). Our spirit was on its knees; to be heard was our only hope. A year earlier, we had met our son in a children's home, and love had taken root. We were volunteers, arriving in the afternoons after work to play with all the children. But something special happened when we met him, and we knew we wanted to be his mom and dad. This was a different kind of love, stronger than our own existence. That is why we entered the process and, in the middle of it, broke the mold. "*Adoptions don't work this way*," we were told many times. Asking to adopt a child we already knew was frowned upon. "*Adoptions must follow the system*," they repeated. So, we fulfilled every requirement: the workshops, the psychological sessions, the multiple studies, rigorous in every area to ensure responsible adoption. That's how we were deemed suitable. All this to enter the family pool, waiting for the CNA to assign us our son, according to the compatibility of the files.

But how could we introduce this love into a file? How could we show them his little face pressed to the window, waiting with joy as we arrived at the center; his arms outstretched, mimicking a spaceship in flight; the first tooth he lost and kept under his pillow to show us; the goodbye kisses each afternoon; the robot dinosaur waiting for him at home? We learned to live with the anguish of not having our son, while we still traveled *within this letter scattered to the wind*. Every morning, we opened his room and wondered if the call would ever come. Driven by longing, we sought every possible instance: we met with lawyers, congress members, adoption officials, even the Minister of Women's Affairs. We only wanted to tell them that *Loyalty is a river that acknowledges its bond / Without making any distinctions in the heart of the sea*, but they could do nothing for us.

Meanwhile, we prayed. We went to *temazcales* and temples. We visited the Virgin and the saints. We submitted ourselves to sacred ceremonies in the forest and lifted prayers so that the Great Spirit, creator of poetry and miracles, would take pity on us. We only wanted *to break the waters of the system.*

Every time we entered the main building of the National Child Welfare Agency to deliver a document or check on our process, four verses by the poet Jorge Debravo greeted us on a plaque: *I do not ask for eternities / filled with white stars. / I ask for tenderness, supper, / silence, bread, and a home.* For us, this was a sign. If poetry dwelled there, sooner or later they would hear that a family, huddled *like sticks in a fire*, was ready *To write down the light of this long night.*

A Child Born to Be a River is more than a book of poetry: it is a story of resistance forged between tears and hope. Dennis Ávila wrote it to save us from the anxiety of stalled files and news that never came. It is a book of water, despite the desert of waiting. It nourished us for a long time. It kept us afloat, because Dennis and I, mom and dad, had met a child whose will taught us to persist *In the picture waiting in the swing / We had fallen in love with, because / Even from behind, we could see* the direction of the universe: he, from his serenity, his profound joy and the certainty that we would always return to find him; we, from conviction, *Like a tree on a cliff.*

Every adoption story is different. No two are alike, just as no child is the same as another. Blood is not the defining factor in becoming a family when borders are torn down: borders of genetics and prejudice. Those of us who have walked the path of adoption know that *Nothing is more biological than love*. It is a commitment, even when arms are empty, tenderness delayed, and insomnia voracious, when *Protected by the same window, / We ask the night for the promised sun.*

This is a book that throbs, a tribute to mothers and fathers, to children who await miracles. Its pages accompanied us in the great labor of birth we endured, pushing forth *colors and compasses, / life with life* to overcome uncertainty with a single truth: *There's a door at home / That breathes the arrival of a child.*

After two years of procedures and setbacks, of tides and mountains that lost us along the way, the call appeared on the phone screen. Dennis and I looked at each other with crystalline eyes: we understood that *Water is the mold of thirst.* Our son came to us at five years old, full of hope and a *self-assured look.* He continues to amaze us with his sweetness, his calm, even when he is rewarded through talent and perseverance. A year later I became pregnant with his younger brother. We are a family of four. Love (not blood) is our cardinal name: *We adopt one another / Until we feel the heartbeat of a home.*

For six years this book remained tucked away, until one day, on the road to Turrialba, I read it aloud to Marisa Russo, sister poet and publisher of Nueva York Poetry Press. It was a long trip and, on the way back, we continued the reading at Johanna and Ricardo's house, Marisa's parents. Holding hands, they listened to the poems. They cried at times, they smiled too, convinced that a book like this should be published to accompany other families willing to take this path.

That day, Marisa decided to publish it and, almost immediately, proposed that it be translated into English as well. On that task, writer and translator Miguel Falquez-Certain did an impeccable work.

Poetry reminds us that a family can be formed if the stars align in a single heart: *There's no science in love, / Such is the score of the universe.* And in this astral plane we continue to dance, because *There's a sun that is immovable, / No one has the right to stomp on it*, because *Water is a planet looking at us.*

PAOLA VALVERDE ALIER
Translated by Rebeca Bolaños Cubillo

Placenta de agua

Water Placenta

VENTANA

Un niño abre la cortina:
manos que podan el tiempo,
la brisa estacionada en su hora dormida.

Como un árbol
tiene la mirada sumergida en el parque.

Es un río con un pie en el firmamento,
sabe que el mar es una estrella.

Window

A child draws the curtain:
Hands pruning time,
A breeze stationed during his sleeping hour.

Like a tree,
He has his gaze immersed in the park.

He's a river with one foot in the sky,
He knows the sea to be a star.

Brazos abiertos

Los niños de esta casa
se convierten en naves espaciales,
despliegan una danza jurásica
y dan calor a sus muñecas de hielo.

Sus risas iluminan el patio.

Algunos son tan pequeños
que un moisés les queda grande,
otros estiran los brazos,
se dejan caer en nuestro pecho
y dan forma a sus latidos.

Arman pirámides con sus primeras palabras.

Toman su lugar en la cena
y —en la brevedad del televisor—
un postre les espera.

Los juguetes vuelven al armario,
el cepillo de dientes sobre el vaso
y la pijama para rezar
por una familia en el porvenir.

OPEN ARMS

The children in this house
Become spaceships,
They perform a Jurassic dance,
They warm their ice dolls up.

Their laughter lights up the courtyard.

A few are so small
That a cradle is too big for them,
A few others stretch their arms out,
Letting themselves fall on our chest
To give shape to their heartbeats.

They build pyramids with their first words.

They take their place at supper
And —in the fleetingness of a TV show—
A dessert is waiting for them.

Toys have their place in the closet,
The toothbrush in the glass
And jammies to pray
For a family in the future.

LECCIÓN DE VUELO

Tiene cinco años
y sostiene las virtudes del ascenso.

Lo alzamos en su vuelo
como si fuese un astronauta.

Su alegría lleva el casco del tiempo,
se expande hasta alcanzar el cenit
de su hora espacial.

Fluye en su triciclo como un eco.

Volvemos a la inmensidad de la noche
y su altar de estrellas.

FLYING LESSON

He's five years old
And supports the virtues of the ascent.

We lift him up in his flight
As if he were an astronaut.

His joy is wearing the helmet of time,
It stretches until it reaches the zenith
Of his spacefaring time.

He flows on his tricycle like an echo.

We return to the vastness of the night
And its altar of stars.

Pequeña historia de una caja

El dinosaurio observa desde su rejilla de cartón
con espíritu mecánico y fuego en su mirada.

Trae un control remoto,
suficiente para avivar sus rugidos
o las pistas musicales que alegrarán a un niño
cuando el juguete sea libre y baile.

En un tiempo paralelo,
una familia viaja hacia su hijo
en esta carta sembrada al viento.

Cuando pasamos por su cuarto
el dinosaurio nos ve desde sus garras,
como si todas las partes de su cuerpo
estuvieran listas para romper la caja.

La ansiedad opaca al astro que vigila
el cuaderno en cada noche.

Detrás de estas cortinas
—y una montaña en el norte—
es difícil sostener el laberinto de la espera.

A Brief Story About a Box

The dinosaur's watching from its cardboard grid
With a mechanical spirit and fire in its gaze.

It comes with a remote control,
Sufficient enough to stir up its roars
Or the musical tracks that will delight a child
Once the toy is finally free and may dance.

In a parallel timeline,
Folks travel to find their son
In this letter sown in the wind.

When we pass by his room
The dinosaur watches us from its claws,
As if all the parts of its body
Were ready to break the box.

Anxiety blurs the star watching over
The notebook every night.

Behind these curtains
—And a mountain up north—
It's difficult to bear the waiting maze.

Departamento de Adopciones

> *¿Tendrás presente que fuimos a buscarte con lágrimas cristalizadas en las manos y nuestro arsenal de sonrisas a una tierra de clima licencioso? ¿Sabremos vislumbrar en tus maneras lo complicado que es nacer dos veces?*
>
> Luis Artigue

En esta oficina hay un silencio de Babel,
algunos funcionarios
afinan su termómetro,
otros ven pasar cada expediente
como si escaparan sobre gradas eléctricas.

Hay destellos que impiden
confiar los ojos
a través de un tragaluz.

La indiferencia hace nido en las paredes,
conoce la sequía debajo de estos puentes
e ignora el nudo que nos ata al aire.

Nuestro hijo es una gota que nació para ser río,
pedimos el milagro en su hoja de vida,
dibujen en su mapa las coordenadas del mar.

Department of Adoptions

> *Will you remember we went looking for you*
> *with crystallized tears on our hands and our*
> *arsenal of smiles in a land of wanton climate?*
> *Will we be able to glimpse in your ways how*
> *complicated it is to be born twice?*
>
> Luis Artigue

There's a bewildering silence in this office,
Some employees are calibrating
Their thermometer,
Others see each file pass by
As if they were fleeing on escalators.

There are flashes we cannot trust
With our own eyes
Through a skylight.

Indifference is nesting inside the walls,
It knows the drought under these bridges
And ignores the knot tying us to the air.

Our son is a drop who was born to be a river,
We ask for the miracle in his résumé,
Draw coordinates on his nautical chart.

PULSO DEL VUELO

Vamos en el ala de un avión
y un niño —hélice en mano—
ha venido a repararnos.

¿Existe un formulario que despeje su camino?
El anhelo es la llamada que no llega.

Subimos y caemos en un reloj de arena,
la cima se disipa en el abismo.

Entre ilusiones e impulsos
—frente al espejismo del sueño—
un temporal de aterrizajes forzosos.

No vamos a rendirnos:
el amor respira bajo torres de papel.

FLIGHT PULSE

We're on an airplane's wing
And a child —propeller in hand—
Is willing to fix us.

Is there a form that may clear his path?
Longing is the call that never comes.

We rise and fall in an hourglass,
The summit fades out into the abyss.

Between illusions and impulses
—Facing the dream's mirage—
A storm of forced landings.

We won't give up:
Love is built under paper towers.

Amanecer

Nos apiñamos como palos en el fuego
Y cobijados con la misma ventana
pedimos a la noche su promesa de sol.

SUNRISE

We huddle together like sticks in a fire;
Protected by the same window,
We ask the night for the promised sun.

Un árbol en casa

A Tree at Home

LABOR DE PARTO

Tu corazón de madre tejió un vientre,
es un árbol en un acantilado.

Contracciones en forma de remos,
coraje para romper la fuente del sistema.

Cada prueba con ritual telúrico,
cada marea con nervio lunar.

Tu voluntad es un faro.

El cansancio no ha podido vencerte,
tu mirada vuelve cuando vibra
la raíz del niño que nos busca.

CHILDBIRTH

Your mother's heart wove a womb,
Like a tree on a cliff.

Oar-shaped contractions, courage
To break the waters of the system.

Each test with a telluric rite,
Each tide with a lunar nerve.

Your will is a beacon.

Fatigue has not been able to defeat you,
Your gaze returns when the root
Of the child, who's seeking us, vibrates.

Portadora de visión

Conozco el rigor de tus horas motrices
en defensa de un niño.

Consciente de trazar el boceto de su arribo
te veo llenar con dinosaurios
las paredes de su cuarto
y —como quien mueve
un lento tablero de ajedrez—
das forma a la mesita de aceites esenciales.

Brazos abiertos para ahuyentar la erosión,
tu matriz es una huerta.

Hablo con propiedad,
valoro el hogar que me has dado:
nada es más biológico que el amor.

VISION BEARER

I know the severity of your waking hours
In defense of a child.

Aware that you must draw
The sketch of his arrival,
I watch you filling the walls
Of his room with dinosaurs
And —like someone moving
A slow chessboard—
You organize the essential oils on a little table.

Open arms to ward erosion off,
Your womb is an orchard.

I know what I'm talking about,
I appreciate the home you have given me:
Nothing is more biological than love.

ENERGÍA MATERNA

Te veo ingresar al agua
en una similitud de transparencias.

Tus manos suavizan las olas.

La gratitud es un espíritu que persiste
sin importar los nudos de las piedras.

Tu honradez da temple a una balanza,
es un tejido paralelo,
hay un espejo en tu frente.

El derecho de soñar a nuestro hijo
abre un sendero en tu interior:
      un goteo de luna
para escribir la luz sobre esta noche larga.

Maternal Energy

I watch you getting into the water
Amid a resemblance of transparencies.

Your hands soften the waves.

Gratitude is a spirit that perseveres
In spite of the gnarling stones.

Your honesty bestows mettle to a scale,
It's a parallel texture,
There's a mirror on your forehead.

The right to dream about our child
Opens up a path within you:
        A trickling from the moon
To write down the light of this long night.

MAMÁ DEL CORAZÓN

Estás en la montaña
con tu árbol y tu rezo.

La voluntad ofrenda tu aura al universo,
mariposas en espiral
hacia el centro de tu tambor.

El sol tiene su ascensión o su descenso
según la paciencia para sostener un diálogo
con el árbol que te enseña a parir una raíz.

Nieta de las piedras,
muchos siglos te observan
en el embrión de una gota
y en la cortina del aguacero.

Has trabajado el silencio para escuchar
las hojas que el viento arrastra
hasta formar cordilleras.

Me alimento en tu nombre,
en cada plegaria por el agua,
tu sudor penetra mis poros
y late por dentro como ola de sed.

Esta búsqueda es un pacto de amor:
cuidar a nuestro hijo,
su campo de belleza en tus brazos.

MOTHER FROM THE HEART

You're on the mountain
With your tree and your prayers.

The willpower offers your aura to the universe,
A spiral of butterflies
Towards the center of your drum.

The sun rises or goes down
Depending on the patience to have a chat
With the tree that teaches you to give birth to a root.

Granddaughter of the stones,
Many centuries are watching you
Inside the embryo of a drop
And in the curtain of the rainstorm.

You've worked in silence to listen
To the leaves being dragged by the wind
Until they form mountain ranges.

I nourish myself with your name,
With every prayer for water,
Your sweat gets into my pores
And throbs inside me like a wave of thirst.

This search is a covenant of love:
To take care of our son,
His field of beauty in your arms.

Rezo

Confío en tus colores, son mi verdad:
palpo en tus venas mis signos vitales.

Mi espacio reside en la casa de tu tiempo,
es aquí donde percibo un crujido de leña.

Prayer

I trust your colors; they're my truth:
I feel my vital signs in your veins.

My space lives in the house of your time,
It's here I notice the firewood crackling.

Vientre de la Madre Tierra

Venimos al centro de este altar,
aquí sanamos el camino.

Sonajas, medicinas, voces y remansos,
la tierra es la maestra.

El fuego es movimiento:
meditamos frente a él
con la paz en los regazos.

El viento es otro abuelo y nos enseña a ser.
Son estas las señales, el telar de un equilibrio.

Venimos a escuchar la voz de nuestro hijo.
El agua es un planeta que nos mira.

Mother Earth's Womb

We come to the center of this altar,
Here, we heal the path.

Rattles, medicines, voices, and havens,
Earth is our teacher.

Fire is movement:
We meditate in front of it
With peace on our laps.

Wind is another elder,
And it teaches us how to be.
These are the signs, the loom of a balance.

We come to listen to our son's voice.
Water is a planet looking at us.

Casa con tus puertas

Llegaste a la maternidad
del modo que se asume una raíz,
la convicción de un árbol
y pájaros que dan sentido a las mañanas.

No hay hazaña en tu convencimiento,
      se llama lucidez
el deseo de ser piel para el calor humano.

Nuestra casa es un recinto de acuerdos:
visión panorámica del agua
y trayectoria para que este barco no se pierda.

Llegaste a la maternidad
como se palpa un vientre de luz,
      y en la cúspide
un niño columpiándose.

A HOUSE WITH YOUR DOORS

You came to motherhood
The way a root is taken on,
The conviction of a tree,
And birds that make sense of mornings.

There's no prowess in your persuasion;
       It's called lucidity,
The desire to be skin for human warmth.

Our house is a place of agreements:
A panoramic view of the water,
And a path, so this ship doesn't get stranded.

You came to motherhood
Like one who touches a womb of light,
       And at the cusp
A child is seesawing.

Humano tambor

A Human Drum

ESCRITO EN UNA PIEDRA DE RÍO

Te hablamos de una X en el mapa del tesoro,
de la esquiva aguja en un pajar.

¿Con ella coseríamos el camino
que te separa de casa?

Somos un abrazo a gran escala,
nuestros nombres en espejos dilatados,
los trazos para un vínculo.

Hay una coordenada
en el fuego que siembra la llama,
una fecha para marcar la paz.

Hay una X en el mapa del tesoro:
este día sanaremos en tu naciente de agua.

WRITTEN ON A RIVER STONE

We tell you about an X on the treasure map,
About the elusive needle in a haystack.

Would we sew with it the path
That keeps you away from home?

We're a massive embrace,
Our names on enlarged mirrors,
The strokes for a bond.

There are coordinates
In the fire sown by the flame,
A set date for peace.

There's an X on the treasure map:
On this day, we'll be healed by your rising water.

ESCRITO PARA ROMPER UN MURO DE HIELO

Existen voces que esperan en la nieve
como un cuaderno sin palabras.

Una tierra se infiere —bajo el hielo—
y el sol se demora en agilizar sus milagros.

Son niños cubiertos por glaciares de papel.

Tienen derecho a ser escuchados,
a esquivar las avalanchas sobre su testimonio.

Hay quienes pudieron rescatarlos
y fueron incapaces de dar otro rumbo
      a sus dibujos fallidos;
pálidos termómetros los han relegado
en la estación burocrática.

Por ellos daremos la pelea
para abrir el corazón de quien no escucha
a tantas voces que resisten, olvidadas,
bajo su luz marchita.

It Was Written to Break an Ice Wall

There are voices waiting in the snow
Like a wordless notebook.

A land is foreseen —under the ice—
And the sun takes its time to make its miracles.

They're children covered by paper glaciers.

They have the right to be heard,
To fend off the flood about their testimony.

There're those who were able to rescue them
But unable to set another course
        To their unsuccessful drawings;
Pale thermometers, they've exiled them
To the bureaucratic limbo.

We'll put up a fight on their behalf
To open up the hearts of those who don't listen
To so many forgotten voices still struggling
Under the fading light.

Escrito en la vena de una hoja

Una semilla avanza en su descubrimiento,
su claridad traspasa el aire:
es una gota y lleva en hombros
la fuerza de un océano.

WRITTEN ON A LEAF'S VEIN

A seed moves forward in its discovery,
Its clarity pierces the air:
It's a drop bearing the brunt
Of an ocean's might.

Escrito en una piedra volcánica

La sangre está sujeta al calendario de la brisa,
se desplaza mientras la niebla escampa.

Es difícil leer la totalidad de su tejido
o juzgar los átomos en cada circunstancia.

Se le exige ser potable,
aunque transiten por ella
los martillazos de un herrero
incapaz de culminar su obra.

Si la sangre no alimenta al fuego,
hay votos más allá de las cenizas
en busca de un nombre, una estatura
y un sendero para las constelaciones
que aún pueden tejerse en el pecho de un niño.

Se pide mucho a la sangre,
dar sentido a cada movimiento,
cargar el peso de una historia.

Es indudable su necesidad
—en todos habita el magma—,
pero solo el amor es un volcán activo.

WRITTEN ON A VOLCANIC ROCK

Blood depends on the seasonal breeze,
It moves around as the fog clears up.

It's difficult to read its entire web
Or to measure the atoms in each situation.

We expect it to be safe to drink,
Even if it carries the hammer
Blows of a blacksmith
Unable to complete his work.

If blood doesn't feed the fire,
There are wishes beyond the ashes
In search of a name, a stature,
And a path to the constellations
That can still be woven on a child's chest.

Much is asked of blood,
To make sense of every movement,
To carry the weight of a story.

Its need is unquestionable
—Magma lives in all of us—
But only love is an active volcano.

Escrito en una lasca de obsidiana

La lealtad no está en un álbum cronológico
que erige monumentos a la sangre.

Nada borra sus tormentas
o el derecho de arder si la obligan a callar.

Sabe que la vida es territorio del viento.

La lealtad es un río que reconoce su vínculo
sin hacer diferencias
en las entrañas del mar.

Evade palabras como *hacha* o *desierto*.
Es un árbol que echó raíces en la lluvia.

Su sombra se nutre de silencio.
Su confianza es una flor por cada hoja seca.

WRITTEN ON AN OBSIDIAN SLAB

Loyalty is not found in a chronological album
That builds monuments to blood.

Nothing erases its storms
Nor the right to burn if forced to remain silent.

It knows that life is the wind's territory.

Loyalty is a river that acknowledges its bond
Without making any distinctions
In the heart of the sea.

It avoids words like *hatchet* or *desert*.
It's a tree that took roots in the rain.

Its shadow feeds on silence.
Its trust is a flower for every fallen leaf.

Escrito en la mirada de una gota

En casa hay una puerta
que respira la llegada de un niño,
la expectativa se abre hacia él
y colisiona a contraluz.

Su ausencia es un perímetro en traslación,
juego que mueve respuestas,
cuestionario con fichas cambiadas.

El tiempo interactúa con ironía,
sus relojes aceleran y frenan —rebeldes—
como abanicos vencidos por sus aspas.

En casa hay una puerta que pide un niño:
mientras exista su río escuchamos el mar.

WRITTEN ON THE GAZE OF A DROP

There's a door at home
That breathes the arrival of a child;
Anticipation opens up to him
And crashes against the light.

His absence is a moving boundary,
A game that moves answers,
A questionnaire with altered chips.

Time interacts with irony,
Its clocks speed up and slow down —rebelling—
like fans defeated by their blades.

At home, there's a door asking for a child:
As long as his river exists, we shall hear the sea.

Escrito en la piel de un tambor

> *¿Éramos el impulso que conquistó los ríos*
> *que hizo crecer los cauces*
> *que derribó los diques*
> *y levantó ciudades?*
>
> Carmen Villoro

Nuestro hijo habita en la anatomía del camino.

La sangre que permite sus palpitaciones
        nació en nosotros
como esta convivencia que nombramos *familia*.

Veo en su madre las premisas del aire,
en mis manos los pliegues de una vigilia
y este parentesco de abrazos.

Nada es fortuito en una sangre espiritual:
desatamos nudos,
mezclamos colores y brújulas,
la vida con la vida.

Nos adoptamos el uno al otro
hasta sentir los latidos de un hogar.

La familia es un pacto de sangres.

WRITTEN ON THE SKIN OF A DRUM

> *Were we the impetus that conquered the rivers,*
> *That made the riverbeds grow,*
> *That tore down the dams*
> *And built cities?*
>
> CARMEN VILLORO

Our son lives in the anatomy of the path.

The blood that allows his heartthrobs
        Comes from us
Like this coexistence we call *family*.

I see in his mother the propositions of the air;
In my hands, the folds of a vigil,
And this kinship of hugs.

Nothing is random in a spiritual blood:
We untie knots,
We mix colors and compasses,
Life with life.

We adopt one another
Until we feel the heartbeat of a home.

Family is a covenant of blood.

La mirada en el parque

The Look at the Park

Semillas para un lienzo

El tiempo no es un atropello
ni una ola que ha venido a lastimarnos.

Según el calibre de su tambor
es un martilleo apenas perceptible.

Puede ser pesado o liviano como un gato.
Su corazón es un hígado y filtra la vida.

Importa la confianza en tu tiempo, hijo,
su estampida de hallazgos
renueva la arena y la sal
en un peñasco infinito.

Estamos destinados a su libreto:
volar hacia el lienzo
que tanto has señalado en el parque.

SEEDS FOR A CANVAS

Time is not an accident
Or a wave that has come to hurt us.

According to the caliber of the drum,
It's a barely perceptible hammering.

It can be heavy or light like a cat.
Its heart is a liver, and it filters life.

Trusting your time is important, son;
Its rush of discoveries
Renews sand and salt
In its boundless rock.

We're destined to be a script:
To fly towards the canvas
You have pointed at it so often in the park.

Pandemia

> *¿El virus llora cuando nos lavamos las manos?*
>
> Naín

La vida es un río que nos trae y lleva,
un puente surcado por las neuronas del agua.

Hay restricción de besos y abrazos,
muchos fallecen sin despedirse.

Deberías estar en casa
para abrigar tu imaginación;
en cambio somos un fémur atado, hijo,
el resumen de fracciones y nervios
frente a un almacén de números en rojo.

Nuestra herencia será el barro
para moldearte ante lo adverso,
la resiliencia como capa de superhéroe
en el arte del desprendimiento.

Un techo para el frío
y una forma de abrirlo al recordar
que detrás de los días nublados
persiste un horizonte de cometas.

Pandemic

> *Does the virus cry when we wash our hands?*
>
> Naín

Life is a river that moves us back and forth,
A bridge crossed by water's nerve cells.

There's a ban on kisses and hugs,
Many die without saying goodbye.

You should be home
Protecting your imagination;
Instead, we're a tied femur, son,
The summary of fractions and nerves
Facing a shop with red numbers.

Our legacy will be the mud
To shape you in the face of adversity,
Resilience as a superhero's cape
In the art of detachment.

A roof for cold weather,
And a way to open it when remembering
That behind the overcast days
A skyline of comets remains.

El niño y el columpio

Te ofrezco mi nostalgia
por eventos que aún no han sucedido:
alguna película, tu primer día en la escuela,
la alegría de un paseo en una tarde luminosa.

Te ofrezco mi gratitud por la mesa
donde comiste tus primeros años,
su madera como un rostro,
con mujeres y su digna bitácora
en una casa que cuidó tu inocencia.

Volverán las experiencias que nos formaron:
apartamos prejuicios y obstáculos,
      perdimos batallas,
nos hicieron sentir que era ilegal buscarte,
no tuvimos el derecho de agilizar tu proceso
para verte florecer.

Si me ves llorar es porque existo
en esta lágrima que te refleja,
no es un llanto del cual pueda avergonzarme;
son lágrimas con el grosor de un hilo
      y no van a romperse
hasta que dejen de arrugar tu libertad.

The Boy and the Swing

I offer you my nostalgia
For events that have not yet happened:
Some movie, your first day at school,
The joy of a stroll on a bright afternoon.

I offer you my gratitude for the table
Where you ate your first years,
Its wood like a face,
With women and their dignified journal
In a house that watched over your innocence.

The experiences that shaped us will return:
We put aside obstacles and prejudices,
      We lost battles,
They made us feel as if it were illegal
To look for you,
We didn't have the right to speed up your process
To watch you thrive.

If you see me crying, it's because I exist
In this tear that reflects you,
It's not a crying I may be ashamed of;
They're tears as thick as a thread,
      And they're not going to break
Until they stop crushing your freedom.

No hay argumentos para justificar un error
ni todas las ausencias reunidas
como una fuente rota entre los dedos
o la mirada vencida en un caño.

En algún momento
tuve miedo de abrirte mi corazón,
por eso te sembré en el universo,
no imaginé que serías el niño que esperaba
en el columpio de la foto,
del que nos enamoramos
porque hasta de espaldas
se veía el signo de tu convicción.

Te ofrezco mi fortaleza
en eventos que podrían suceder:
vendar tu frustración por una bicicleta estallada,
frotar tu pecho para evaporar la tos,
estar presente en tus podios y derrotas.

Será un honor verte crecer
con tu sonrisa al viento,
como la bandera extendida
en el amanecer de los patriotas.

There are no arguments to justify a mistake
Nor all the absences put together
Like a broken fountain in our hands
Or the defeated look at a canal.

At some point,
I was afraid to open my heart to you;
That's why I planted you in the universe.
I didn't imagine you'd be the child
In the picture waiting in the swing
We had fallen in love with, because
Even from behind, we could see
The signs of your self-assurance.

I offer you my strength
During events that could happen:
Comforting you over a broken bike,
Rubbing your chest to get rid of the cough,
Being present at your podiums and failures.

It'll be an honor to watch you grow
With your smile in the wind,
Like the unfurled banner
At the dawn of the patriots.

Los libertadores

A doña Rina y don Roberto

Atizan la información y danzan
en torno al fuego que pide la lluvia.

Sin conocer a nuestro hijo
han recibido su señal,
del modo en que hablan las galaxias entre sí.

Leen el sistema: voces archivadas,
errores que desgastan una vida.

Ebanistas de la libertad,
trazan puertas en la incertidumbre.

Ingresan al limbo y dan una mano
      al niño que ensambla
un espejo astillado por la incompetencia.

The Liberators

To doña Rina and don Roberto

They stir information up and dance
Around the fire that calls for rain.

Without knowing our son,
They've received his sign
The way galaxies talk to one another.

They read the system: voices filed away,
Mistakes that wear a life down.

Cabinetmakers of freedom,
They draw doors hesitantly.

They enter limbo and lend a hand
       To the child who sets up
A mirror chipped by incompetence.

La llamada

Recibimos la noticia y nos vimos con tu madre:
el agua es el molde de la sed.

Palpitan —en cascada— los recuerdos,
fuimos a buscarte montaña arriba del tiempo,
donde los ríos vibran en su cuenca
con paisajes para tus dinosaurios.

Este es el resultado, hijo,
la coordenada de tu existencia,
un diccionario personal en tu carta de navegación.

Cada intento fue un afluente,
la germinación de tu madera
en el nido que llevamos.

Portamos la arena que se mantuvo atenta
mientras se iluminaba esta fase de tu historia.

El manantial es sabio y abastece el camino,
vuelve reales las palabras del sol.

Ya no hay forma de perderte:
contemplamos en tu estrella las raíces humanas.

The Call

We received the news and met with your mother:
Water is the mold of thirst.

Memories throb in a cascade:
We went to look for you up the mountain of time,
Where rivers vibrate in their basin
With landscapes for your dinosaurs.

This is the outcome, son,
The coordinates of your existence,
A personal dictionary on your map.

Each attempt was a tributary,
The budding of your wood
Inside the nest we bring with us.

We carry the sand that stayed alert
While this chapter of your story was illuminated.

The fountainhead is wise, and it supplies the path,
It turns the sun's words real.

There's no way to lose you anymore:
We see in your star the human roots.

Pequeño guerrero

Existe una historia más allá del moho y el musgo,
como el día en que te vimos frente al volcán azul.

Para contestar tus dudas
leímos cada detalle sobre el magma,
aprendimos la corteza terrestre
y ese lugar donde todo se mueve.

Elegiste las piedras volcánicas
para nombrarlas con el peso de los dinosaurios.

Siempre supiste que acabaría el temporal
y con tus manos erguidas subiste al podio.

Diste un giro en los estatutos del aire,
verte correr tiene el color de un laurel.

LITTLE WARRIOR

There's a story beyond the mold and the moss,
Like the day we saw you in front of the blue volcano.

In order to answer your questions,
We read every detail about magma,
We learned about the earth's crust,
And about the place where everything moves.

You chose the volcanic rocks
To name them with the weight of the dinosaurs.

You always knew the storm would end
And you stepped onto the podium
With your hands raised.

You made a turn on the statutes of the air;
Watching you run has the color of a bay leaf.

GRATITUD

Al Hogar de María

Te vemos salir con Álex, el león,
tu plato de Mickey,
el tiranosaurio en sus piezas de cartón
y una mirada convencida.

A pesar del adiós es un momento mágico:
el estupor de un puente transitado por tu anhelo,
un pasadizo que se eleva en la cúspide del agua.

Recordarás esta casa con gratitud,
cuidaron tus fiebres y tus primeros pasos.

Es tiempo de descansar, amado hijo,
mañana —al despertar— nos verás sosteniendo
las columnas de lo real en la campiña del sueño.

Gratitude

To Hogar de María

We're watching you come out with Alex, the lion,
Your Mickey Mouse plate,
The T-Rex in its cardboard pieces,
And a self-assured look.

Despite the goodbyes, it's a magic moment:
The amazement of a bridge crossed by your yearning,
An alley that rises from the crest of the water.

You'll remember this house with gratitude:
They watched over your fevers and your first steps.

It's time to rest, beloved son;
Tomorrow —at first light— you will see us holding
The pillars of reality in the meadow of dreams.

Semilla solar

Hijo, no puedo explicarte el futuro
ni la mutación de nuestras sombras bajo el sol.

No puedo decirte si crecer
es algo matemático o un deseo hilado
a cada paso que nos mueve.

Sí puedo afirmar:
hay que confiar en el camino,
dar lo mejor de nosotros
pese al miedo y las caídas.

Si hoy es de día en estas tierras
mañana vendrá la noche,
así será con la lluvia, así será con la sed.

Pero hay un sol que es inamovible,
nadie tiene derecho a pisotearlo:
se llama *dignidad* y viene desde adentro.

SUN SEED

Son, I cannot explain the future to you
Or the mutation of our shadows under the sun.

I cannot tell you whether to grow up
Is something mathematical or a wish
Spun with every step that makes us move.

However, I can say this:
We have to trust our path,
To give our best
In spite of the fear and the falls.

If today we have daylight in these lands,
Tomorrow the night will come;
So it will be with the rain, as well as with the thirst.

But there's a sun that is immovable,
No one has the right to stomp on it:
It's called *self-respect*, and it comes from within.

Un manubrio para el viento

Naciste frente al mar,
las olas se unieron a tu primer latido
y atravesaste una cordillera
como un río en la montaña de tu nombre.

Asumiste la paciencia y las palabras,
tu confianza dibujó una ventana,
allí moldeaste tu tierra con el carisma del viento.

Esta es tu casa,
ya podemos abrir todas las cartas,
tu emoción es un colibrí.

Tres perros mueven sus colas,
serán tus alebrijes en la senda del sol,
en este patio y esta tarde
podrán correr hasta cansarse.

La paz se nos eriza en la piel:
      vamos a latir
en tu memoria de infancia.

Somos testigos de un río que avanza
en su descubrimiento,
la estatura de un árbol no se mide
por la copa más alta.

A Steering Wheel for the Wind

You were born by the sea,
The waves joined your first heartbeat,
And you crossed a mountain range
Like a river on the mountain named after you.

You accepted patience and words,
Your confidence drew a window,
There, you shaped your land with the wind's charm.

This is your house,
We can now open all the letters,
Your emotion is a hummingbird.

Three dogs are wagging their tails,
They'll be your mythical creatures on the sun's path;
In this backyard and in this afternoon,
They'll be able to run until they drop.

Peace makes our hair stand on end:
    We're going to throb
In your childhood memories.

We witness a river that flows
In its own discovery;
The size of a tree is not measured
By its highest treetop.

El agua también se tomó su tiempo para nacer,
viajó muchas galaxias
transportada por cometas,
como si llevara en sus entrañas
un útero celeste.

Hizo su nido en un planeta hecho de aire y fuego.

Así es la adopción:
una tierra que reunió sus elementos.

Naciste frente al mar,
las olas escoltaron tu llegada.

Tu espíritu es un número sagrado
y dio un salto más allá de los mapas.

La prueba de tanta certeza
es el impacto de tu estrella, hijo.

No hay ciencia en el amor,
así es la partitura del cosmos.

Water also took its time to be born:
It traveled through many galaxies,
Transported by comets,
As if they carried inside
A celestial womb.

It nested on a planet made of air and fire.

This is what adoption looks like:
A land that brought its elements together.

You were born by the sea,
The waves escorted your arrival.

Your spirit is a sacred number,
And it took a leap beyond the maps.

The proof of so much certainty
Is the impact of your star, son.

There's no science in love,
Such is the score of the universe.

Acerca del autor

Dennis Ávila (Honduras, 1981). Sus primeros libros de poesía se reúnen en la antología *Geometría elemental* (2014). En el año 2016, Ediciones Perro Azul (Costa Rica) publicó *La infancia es una película de culto*, reeditado en El Salvador, Puerto Rico y España. En el año 2017, Amargord Ediciones publicó *Ropa Americana*, reeditado en México (Puertaabierta Editores), Jordania (traducido al árabe por los poetas Fakhry Ratrout y Najwan Darwish, Alaan Ediciones) y en Costa Rica (Fruit Salad Shaker, 2025). En el año 2019, publicó *Historia de la sed* (Amargord Ediciones). Su libro, *Los excesos milenarios*, obtuvo el Premio Internacional de Poesía "Pilar Fernández Labrador" (España, 2020), publicado por las Ediciones de la Diputación de Salamanca y traducido al portugués por el poeta Leonam Cunha para el Centro de Estudios Ibéricos y Americanos de Salamanca. En años recientes, de su obra se han publicado las siguientes antologías: *Escuela de pájaros* (Primavera Poética Perú, 2020), *Un sol que prometía amanecer* (La Chifurnia, El Salvador, 2022) y *Mestizo* (Colmenart, Costa Rica, 2024). El año 2017 obtuvo, también, la nacionalidad costarricense, país en donde reside desde el 2007.

ABOUT THE AUTHOR

Dennis Ávila (Honduras, 1981). His early volumes of poetry are gathered in the anthology named *Elementary Geometry* (2014). In 2016, Perro Azul Editors (Costa Rica) published *La infancia es una película de culto* [Childhood Is a Cult Movie], later reissued in El Salvador, Puerto Rico, and Spain. In 2017, Amargord Editors released *Ropa Americana*, reissued in Mexico (Puertaabierta Editors), in Jordan (translated into Arabic by poets Fakhry Ratrout and Najwan Darwish, Alaan Editors), and in Costa Rica (Fruit Salad Shaker, 2025). In 2019, he published *Historia de la sed* [History of Thirst] (Amargord Editors). His book *Los excesos milenarios* [Millennial Excesses] was awarded the Pilar Fernández Labrador International Poetry Prize (Spain, 2020), published by the Diputación de Salamanca and translated into Portuguese by poet Leonam Cunha for the Center for Iberian and American Studies of Salamanca. In recent years, several anthologies of his work have appeared: *Escuela de pájaros* [School of Birds] (Primavera Poética Peru, 2020), Un sol que prometía amanecer [A Sun That Promised to Rise] (La Chifurnia, El Salvador, 2022), and *Mestizo* (Colmenart, Costa has been living in Costa Rica since 2007.

ÍNDICE

Un niño que nació para ser río
A Child Born to Be a River

Biología del amor (prólogo) · 13
Biology of Love (prologue) · 19

Placenta de agua
Water Placenta

Ventana · 26
Window · 27
Brazos abiertos · 28
Open Arms · 29
Lección de vuelo · 30
Flying Lesson · 31
Pequeña historia de una caja · 32
A Brief Story About a Box · 33
Departamento de Adopciones · 34
Department of Adoptions · 35
Pulso del vuelo · 36
Flight Pulse · 37
Amanecer · 38
Sunrise · 39

Un árbol en casa
A Tree at Home

Labor de parto · 42
Childbirth · 43
Portadora de visión · 44
Vision Bearer · 45
Energía materna · 46
Maternal Energy · 47
Mamá del corazón · 48
Mother from the Heart · 49
Rezo · 50
Prayer · 51
Vientre de la Madre Tierra · 52
Mother Earth's Womb · 53
Casa con tus puertas · 54
A House with your Doors · 55

Humano tambor
A Human Drum

Escrito en una piedra de río · 58
Written on a River Stone · 59
Escrito para romper un muro de hielo · 60
It Was Written to Break an Ice Wall · 61
Escrito en la vena de una hoja · 62
Written on a Leaf's Vein · 63
Escrito en una piedra volcánica · 64
Written on a Volcanic Rock · 65
Escrito en una lasca de obsidiana · 66
Written on an Obsidian Slab · 67
Escrito en la mirada de una gota · 68
Written on the Gaze of a Drop · 69
Escrito en la piel de un tambor · 70
Written on the Skin of a Drum · 71

La mirada en el parque
The Look at the Park

Semillas para un lienzo · 74
Seeds for a Canvas · 75
Pandemia · 76
Pandemic · 77
El niño y el columpio · 78
The Boy and the Swing · 79
Los libertadores · 82
The Liberators · 83
La llamada · 84
The Call · 85
Pequeño guerrero · 86
Little Warrior · 87
Gratitud · 88
Gratitude · 89
Semilla solar · 90
Sun Seed · 91
Un manubrio para el viento · 92
A Steering Wheel for the Wind · 93

Acerca del autor · 98
About the Author · 99

WILD MUSEUM
MUSEO SALVAJE
Latin American Poetry Collection
Homage to Olga Orozco (Argentina)

1
La imperfección del deseo
Adrián Cadavid (Colombia)

2
La sal de la locura / Le Sel de la folie
Fredy Yezzed (Colombia)

3
El idioma de los parques / The Language of the Parks
Marisa Russo (Argentina / EE.UU.)

4
Los días de Ellwood
Manuel Adrián López (Cuba / EE.UU.)

5
Los dictados del mar
William Velásquez Vásquez (Costa Rica)

6
Paisaje nihilista
Susan Campos Fonseca (Costa Rica)

7
La doncella sin manos
Magdalena Camargo Lemieszek (Panamá)

8
Disidencia
Katherine Medina Rondón (Perú)

9
Danza de cuatro brazos
Silvia Siller (México / EE.UU.)

10
Carta de las mujeres de este país
Letter from the Women of this Country
Fredy Yezzed (Colombia)

11
El año de la necesidad
Juan Carlos Olivas (Costa Rica)

12
El país de las palabras rotas / The Land of Broken Words
Juan Esteban Londoño (Colombia)

13
Versos vagabundos
Milton Fernández (Uruguay)

14
Cerrar una ciudad
Santiago Grijalva (Ecuador)

15
El rumor de las cosas
Linda Morales Caballero (Perú / EE.UU.)

16
La canción que me salva / The Song that Saves Me
Sergio Geese (Argentina)

17
El nombre del alba
Juan Suárez (Ecuador)

18
Tarde en Manhattan
Karla Coreas (El Salvador)

19
Un cuerpo negro / A Black Body
Lubi Prates (Brasil)

20
Sin lengua y otras imposibilidades dramáticas
Ely Rosa Zamora (Venezuela / EE.UU.)

21
El diario inédito del filósofo vienés Ludwig Wittgenstein
Le Journal Inédit Du Philosophe Viennois Ludwig Wittgenstein
Fredy Yezzed (Colombia)

22
El rastro de la grulla / The Crane's Trail
Monthia Sancho (Costa Rica)

23
Un árbol cruza la ciudad / A Tree Crossing The City
Miguel Ángel Zapata (Perú/ EE.UU.)

24
Las semillas del Muntú
Ashanti Dinah (Colombia / EE.UU.)

25
Paracaidistas de Checoslovaquia
Eduardo Bechara Navratilova (Colombia)

26
Este permanecer en la tierra
Angélica Hoyos Guzmán (Colombia)

27
Tocadiscos
William Velásquez (Costa Rica)

28
De cómo las aves pronuncian su dalia frente al cardo /
How the Birds Pronounce Their Dahlia Facing the Thistle
Francisco Trejo (México)

29
El escondite de los plagios / The Hideaway of Plagiarism
Luis Alberto Ambroggio (Argentina / EE.UU.)

30
Quiero morir en la belleza de un lirio /
I Want to Die of the Beauty of a Lily
Francisco de Asís Fernández (Nicaragua)

31
La muerte tiene los días contados
Mario Meléndez (Chile)

32
Sueño del insomnio / Dream of Insomnia
Isaac Goldemberg (Perú / EE.UU.)

33
La tempestad / The tempest
Francisco de Asís Fernández (Nicaragua)

34
Fiebre
Amarú Vanegas (Venezuela)

35
63 poemas de amor a mi Simonetta Vespucci
63 Love Poems to My Simonetta Vespucci
Francisco de Asís Fernández (Nicaragua)

36
Es polvo, es sombra, es nada
Mía Gallegos (Costa Rica)

37
Luminiscencia
Sebastián Miranda Brenes (Costa Rica)

38
Un animal el viento
William Velásquez (Costa Rica)

39
Historias del cielo / Heaven Stories
María Rosa Lojo (Argentina)

40
Pájaro mudo
Gustavo Arroyo (Costa Rica)

41
Conversación con Dylan Thomas
Waldo Leyva (Cuba)

42
Ciudad Gótica
Sean Salas (Costa Rica)

43
Salvo la sombra
Sofía Castillón (Argentina)

44
Prometeo encadenado / Prometheus Bound
Miguel Falquez Certain (Colombia / EE.UU.)

45
Fosario
Carlos Villalobos (Costa Rica)

46
Theresia
Odeth Osorio Orduña (México)

47
El cielo de la granja de sueños / Heaven's Garden of Dreams
Francisco de Asís Fernández (Nicaragua)

48
hombre de américa / man of the americas
Gustavo Gac-Artigas (Chile / EE.UU.)

49
Reino de palabras / Kingdom of Words
Gloria Gabuardi (Nicaragua)

50
Almas que buscan cuerpo
María Palitachi (República Dominicana / EE.UU.)

51
Argolis
Roger Santivañez (Perú / EE.UU.)

52
Como la muerte de una vela
Hector Geager (EE.UU. / República Dominicana)

53
El canto de los pájaros / Birdsong
Francisco de Asís Fernández (Nicaragua)

54
El jardinero efímero
Pedro López Adorno (Puerto Rico / EE.UU.)

55
The Fish o la otra Oda para la Urna Griega
Essaú Landa (México)

56
Palabrero
Jesús Botaro (Venezuela / EE.UU.)

57
Murmullos del observador
Hector Geager (EE.UU. / República Dominicana)

58
El nuevo gusano saltarín
Isaac Goldemberg (Perú / EE.UU.)

59
Tazón de polvo
Alfredo Trejos (Costa Rica)

60
Si miento sobre el abismo / If I Lie About the Abyss
Mónica Zepeda (México)

61
Después de la lluvia
After the Rain
Yrene Santos (República Dominicana / EE.UU.)

62
De plomo y pólvora. Poesía de una mente bipolar
Of Lead and Gunpowder. Poetry of a Bipolar Mind
Jacqueline Loweree (México / EE.UU.)

*

New Era:
Wild Museum Collection & Arts
Featuring Contemporary Hispanic American Artists

63
Espiga entre los dientes
Carlos Calero (Nicaragua / Costa Rica)
Cover Artist: Philipp Anaskin

64
El Rey de la Muerte
Hector Geager (EE.UU. / República Dominicana)
Cover Artist: Jhon Gray

65
Cielos que perduren
José Miguel Rodríguez Zamora (Costa Rica)
Cover Artist: Osvaldo Sequeira

66
Por el mar, con los monstruos de Ovidio a otra parte
Francisco Trejo (México)
Cover Artist: Jaime Vásquez

67
Los vínculos salvajes
Juan Carlos Olivas (Costa Rica)
Cover Artist: Jaime Vásquez

68
Una conversación pendiente
Unfinished Conversation
Juana Ramos (El Salvador / EE.UU.)

69
La quinta esquina del cuadrilátero
Paola Valverde Alier (Costa Rica / España)

70
El evangelio del dragón
Luis Rodríguez Romero (Costa Rica)

71
Un fragor de torres desgajadas
A Roar of Tumbling Towers
Miguel Falquez-Certain (Colombia / EE.UU.)

72
El ombligo de los pájaros
Francisco Gutiérrez (Costa Rica)

73
Apuntes para un náufrago
Paul Benavides (Costa Rica)

74
Me sobran noviembres
Osiris Mosquea (República Dominicana / EE.UU.)

75
El profundo abismo de mi sombra
Carlos Velásquez Torres (Colombia / EE.UU.)

76
Tiricia
Mónica Zepeda (México)

77
Un niño que nació para ser río
A Child Born to Be a River
Dennis Ávila (Honduras / Costa Rica)

POETRY
COLLECTIONS

ADJOINING WALL
PARED CONTIGUA
Spaniard Poetry
Homage to María Victoria Atencia (Spain)

BARRACKS
CUARTEL
Poetry Awards
Homage to Clemencia Tariffa (Colombia)

BORDERLAND / *FRONTERA*
Hybrid Poetry
(Spanish - English)
Homage to Gloria Anzaldúa
(U.S.A Chicana Author)

CROSSING WATERS
CRUZANDO EL AGUA
Poetry in Translation (English to Spanish)
Homage to Sylvia Plath (United States)

DREAM EVE
VÍSPERA DEL SUEÑO
Hispanic American Poetry in USA
Homage to Aida Cartagena Portalatín (Dominican Republic)

FEVERISH MEMORY
MEMORIA DE LA FIEBRE
Feminist Poetry
Homage to Carilda Oliver Labra (Cuba)

FIRE'S JOURNEY
TRÁNSITO DE FUEGO
Central American and Mexican Poetry
Homage to Eunice Odio (Costa Rica)

INTO MY GARDEN
English Poetry
Homage to Emily Dickinson (United States)

I SURVIVE
SOBREVIVO
Social Poetry
Homage to Claribel Alegría (Nicaragua)

LIPS ON FIRE
LABIOS EN LLAMAS
Opera Prima
Homage to Lydia Dávila (Ecuador)

LIVE FIRE
VIVO FUEGO
Essential Ibero American Poetry
Homage to Concha Urquiza (Mexico)

REVERSE KINGDOM
REINO DEL REVÉS
Children's Poetry
Homage to María Elena Walsh (Argentina)

STONE OF MADNESS
PIEDRA DE LA LOCURA
Personal Anthologies
Homage to Alejandra Pizarnik (Argentina)

TWENTY FURROWS
VEINTE SURCOS
Collective Works
Homage to Julia de Burgos (Puerto Rico)

VOICES PROJECT
PROYECTO VOCES
María Farazdel (Palitachi) (Dominican Republic)

WILD PAPERS
PAPELES SALVAJES
Latin American Poetry
Homage to Marosa Di Giorgio (Uruguay)

WILD MUSEUM
MUSEO SALVAJE
Latin American Poetry
Homage to Olga Orozco (Argentina)

INTERNATIONAL POETRY AWARD
PREMIO INTERNACIONAL DE POESÍA NYPP
Award Winning Authors
Homage to Feature Master Poets

OTHER COLLECTIONS

Fiction
INCENDIARY
INCENDIARIO
Homage to Beatriz Guido (Argentina)

Children's Fiction
KNITTING THE ROUND
TEJER LA RONDA
Homage to Gabriela Mistral (Chile)

Drama
MOVING
MUDANZA
Homage to Elena Garro (Mexico)

Essay
SOUTH
SUR
Homage to Victoria Ocampo (Argentina)

Non-Fiction/Other Discourses
BREAK-UP
DESARTICULACIONES
Homage to Sylvia Molloy (Argentina)

For those who like Olga Orozco believe that "a word on the back of the world allows the enemy to advance," and who like her recognize that "half of desire is barely that, half of love is only a measure," this book was published in Manhattan on October 2025, as part of the Wild Museum Collection by *Nueva York Poetry Press*, in homage to her voice.

www.ingramcontent.com/pod-product-compliance
Lightning Source LLC
Chambersburg PA
CBHW030119170426
43198CB00009B/666